Paris
1845

Laboulaye, Édouard-René Lefebvre de

De l'Église catholique et de l'État, à l'occasion des attaques dirigées contre les articles organiques du concordat de 1801

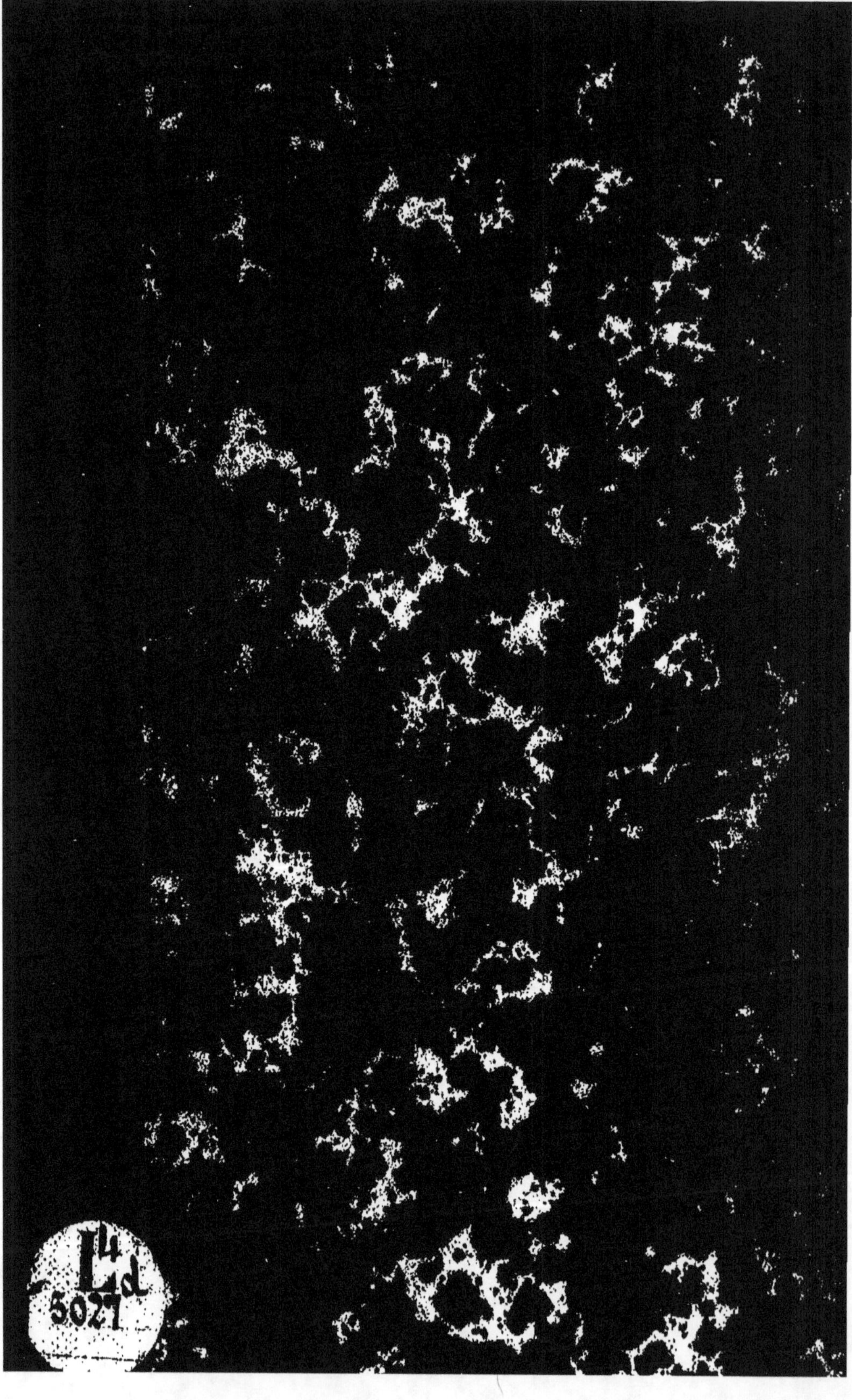

DE L'ÉGLISE CATHOLIQUE

ET DE L'ÉTAT.

EXTRAIT

DE LA *REVUE DE LÉGISLATION ET DE JURISPRUDENCE*,

Publiée sous la direction de MM. Troplong, Ch. Giraud, Éd. Laboulaye, membres de l'Institut; Faustin-Hélie, chef du bureau des affaires criminelles; Ortolan, professeur à la Faculté de droit de Paris; et Wolowski, professeur au Conservatoire des arts et métiers.

(Livraison d'avril 1845.)

IMPRIMERIE DE HENNUYER ET TURPIN, RUE LEMERCIER, 25.
Batignolles.

DE

L'ÉGLISE CATHOLIQUE

ET DE L'ÉTAT,

À L'OCCASION

DES ATTAQUES DIRIGÉES CONTRE LES ARTICLES ORGANIQUES

DU CONCORDAT DE 1801,

PAR M. ÉDOUARD LABOULAYE,
Avocat à la Cour royale, Membre de l'Institut.

Avril 1845.

———— ◆ ————

PARIS

AU BUREAU DE LA REVUE
DE LÉGISLATION ET DE JURISPRUDENCE,
21, RUE BERGÈRE.
—
1845

DE
L'ÉGLISE CATHOLIQUE
ET DE L'ÉTAT.

« Bien que la prêtrise et la royauté soient deux puissances mutuellement amies, voire deux filles d'un même père, elles sont si souvent brouillées ensemble par les intérêts de leurs domestiques, qu'il serait difficile à l'équité même de réussir en cette réconciliation. Il est besoin pour cela de garder un tempérament dont la chaleur française n'est guère capable, et beaucoup moins le faste romain. Il ne faut ni un esprit d'esclave, ni un esprit d'ennemi. Il faut reconnaître le pouvoir du roi, et déférer à l'autorité du pape; mais il faut dépendre absolument de la vérité, qui est la supérieure du pape et du roi, et la plus forte des choses du monde [1]. »

Au lieu du *faste romain* mettez *la fougue et les prétentions ultramontaines*, et les réflexions que Balzac adressait, il y a deux siècles, au savant archevêque de Toulouse, Pierre de Marca, sembleront écrites d'hier. C'est un avertissement qui, malgré la distance des années, peut aujourd'hui servir à tout le monde, aussi bien à ceux qui appuient aveuglément les plaintes du clergé, qu'à ceux qui se prononcent pour le maintien des prérogatives de l'État. Gardons-nous de l'*esprit d'esclave* comme de l'*esprit d'ennemi*; examinons, dans l'intérêt commun de la religion et du pays, si les accusations du

[1] Lettre de Balzac, publiée en tête du traité célèbre de M. de Marca : *De concordia sacerdotii et imperii.*

clergé sont fondées, s'il y a quelque chose d'excessif et d'incompatible avec la liberté des cultes dans la législation qui règle actuellement les rapports des deux puissances; voyons si une situation nouvelle, imprévue, et dont les dangers se sont subitement révélés après quarante ans de paix et de prospérité pour l'Église de France, exige l'abandon des règles établies par la prudence de nos pères; ou si, pour la religion comme pour le pays, le plus sage n'est point de se tenir aux usages consacrés par les siècles, sauf à se relâcher de certaines rigueurs que la sagesse du clergé et les progrès de la liberté publique rendent moins nécessaires qu'autrefois.

La question est des plus délicates, aujourd'hui que le clergé place la discussion sur un terrain tout nouveau, et rompt brusquement avec le passé pour échapper à quinze cents années de précédents qui résistent à ses prétentions. Naguère, le désir et le penchant constant du clergé, c'était de s'appuyer sur le bras séculier, comme sur un soutien donné par Dieu même. L'alliance intime de l'Église et du souverain était l'idéal de la politique chrétienne. Aujourd'hui le clergé effrayé de l'indifférence de l'État, et redoutant un protecteur infidèle, demande à briser les liens qui l'attachent à la puissance publique. C'est au nom sacré de *la liberté* et du *droit commun*, qu'il réclame *l'indépendance absolue de l'Église et de l'État*. La liberté, le droit commun, l'indépendance absolue des deux puissances, ce sont là de grands mots que les partis extrêmes répètent bien haut, c'est le cri commun de ralliement; mais, comme il est ordinaire en pareil cas, on est d'accord en apparence beaucoup plus qu'en réalité, et, par exemple, il ne nous semble pas démontré que Timon entende la liberté et le droit commun de la même manière que M. l'archevêque de Lyon.

Le premier, par hasard, ne demanderait-il pas que l'Église catholique, c'est-à-dire une société religieuse de trente millions de fidèles, fût abaissée au rang d'une association ordinaire, soumise au bon plaisir de la police, en vertu de l'art. 291 du Code pénal[1]; tandis que M. de Bonald, sous l'empire d'une illusion qu'expliquent sa position et son caractère, ne réclamerait rien moins que la supériorité de l'Église sur l'État, en attribuant au clergé des priviléges devant lesquels s'inclinerait la souveraineté nationale? Qu'est-ce donc que l'indépendance de l'Église et de l'État, et que doit-on entendre par cette liberté réclamée de toutes parts? C'est là une des questions les plus intéressantes dont puisse se préoccuper l'opinion publique, car il est essentiel que le pays s'éclaire avant de prononcer sur le maintien ou le renversement de la législation religieuse. Tous, nous voulons la liberté pour tout le monde; mais sous ce nom spécieux, nous ne voulons ni l'avilissement de la plus puissante communion du globe, ni le rétablissement d'une suprématie contre laquelle nos pères ont combattu pendant six cents années.

Laissons donc un instant de côté ce nom de *libertés gallicanes* dont le clergé fait un épouvantail pour les âmes timorées, en les représentant comme entachées de schisme et d'hérésie. Plaçons-nous au point de vue de M. de Bonald, oublions le passé. Cherchons théoriquement, et abstraction faite de la législation, quels principes doivent régler les rapports des deux puissances, dans un pays qui n'admet plus de religion de l'État. Voyons en quels points la pratique se rencontre avec la théorie, et en quels points elle lui est contraire. Les données du problème une fois bien définies, la solution sera moins difficile que ne le serait sup-

[1] *Oui et non, au sujet des ultramontains et des gallicans*, par Timon, p. 63 et 64.

poser la grandeur des intérêts engagés. Ce n'est ici ni une question de théologie, ni une question d'histoire, c'est une simple question de bon sens; il s'agit non plus d'excommunier, mais de raisonner; il est vrai que l'un est souvent moins facile que l'autre.

Je commence par prendre le problème tel qu'il est posé et accepté par tous les partis qui veulent franchement la liberté, je veux dire *l'indépendance des deux puissances*. Ainsi je n'ai point à discuter ces systèmes universellement condamnés, qui, par des voies plus ou moins indirectes, assujettissent l'Église à l'État, ou l'État à l'Église; le premier amène le plus effroyable des despotismes, car il prétend dominer jusqu'à la conscience même; le second, condamné par les paroles de Jésus-Christ: *Mon royaume n'est pas de ce monde*, entraîne également après lui l'intolérance et la persécution. Quant à la suprématie universelle des papes, c'est un rêve qui peut occuper quelques imaginations exaltées par une dévotion peu éclairée, ou séduites par l'aspect poétique de certaines théories du moyen âge; mais dans le monde des faits, personne, que je sache, ne prétend aujourd'hui que la souveraineté nationale puisse dépendre d'une autre puissance que de Dieu. Des ultramontains fougueux peuvent reconnaître au pape le droit d'excommunier les princes de la terre pour des faits qui ne concernent la religion que fort indirectement, mais je ne pense pas qu'il se trouvât quelqu'un assez hardi, ou plutôt assez insensé pour reprendre la théorie favorite du moyen âge, et soutenir que l'excommunication emporte avec elle la déposition du prince frappé des foudres de l'Église. La nation seule a le droit de disposer de la puissance publique, parce que seule elle est souveraine dans son territoire; c'est là, Dieu merci, une vérité politique qui aujourd'hui n'a plus besoin de démonstration.

L'indépendance des deux puissances une fois admise, voyons quel est le caractère particulier de chacune d'elles. Leur caractère connu, il sera plus facile de déterminer comment elles peuvent vivre l'une près de l'autre dans une mutuelle union.

L'État est la société de tous les hommes établis sur le territoire national. Le but de cette société est de ménager les intérêts communs de tous ses membres, et d'assurer la paix intérieure en substituant à la violence individuelle l'autorité sociale, c'est-à-dire le règne des lois. La puissance publique (roi, sénat, ou assemblée populaire, peu importe) est la représentation et l'organe de cette société; c'est à elle d'établir et de faire exécuter les lois nécessaires au gouvernement de la nation, et comme il est impossible de supposer un intérêt (au moins temporel) supérieur à l'intérêt commun, à l'intérêt social, c'est à la puissance publique que tout le monde, sans exception, doit obéir. Dans sa sphère, cette puissance est souveraine et absolue, et il est impossible, à moins d'en revenir aux théories du droit divin, de concevoir dans l'État une autorité quelconque qui ne soit pas une délégation de la puissance publique, ou, si l'on veut, de la souveraineté nationale. Où placer en effet l'origine d'une telle autorité, à moins de supposer, comme dans les théocraties, que Dieu, dont l'autorité est supérieure à l'autorité humaine, décide par ses prêtres, et dans chaque cas donné, de ce qui convient ou non à la nation?

Ainsi donc, dès qu'il y a un intérêt social engagé, la puissance publique est seule maîtresse et seule juge du parti à prendre; l'État peut se relâcher de ce qu'il considère comme son droit, mais non point transiger, car on ne transige que sur des droits contestés, partageables; et qui pourrait partager avec la nation la souveraineté sociale?

Les droits de la puissance publique sont donc absolus, mais dans un cercle déterminé, qui est celui de l'intérêt social. Elle peut légitimement demander à tous les citoyens de conformer leurs actions aux lois qui ont pour objet le bien public, mais tous les actes qui ne sont point en opposition directe ou indirecte avec l'intérêt général sont de leur nature indifférents à l'État, qui n'a point à s'en occuper. A plus forte raison les opinions ne sont pas de son ressort, et tant qu'elles ne se traduisent pas en des actes immoraux et dangereux pour la société, il n'a point le droit de s'opposer à leur libre manifestation et à leur libre développement; car son autorité atteint non pas la pensée, mais seulement les actions humaines.

Parmi les opinions, il en est surtout qui, par leur nature, échappent nécessairement à son domaine : ce sont les doctrines religieuses, et les cérémonies par lesquelles elles se manifestent. L'État peut et doit désirer sincèrement le triomphe de ces croyances, qui seules, en développant la moralité de la nation, peuvent donner à l'autorité civile une base solide; mais en fût-il autrement, il est évident qu'ami ou ennemi, il est sans intérêt et par conséquent sans droit pour entreprendre sur le dogme et sur le culte, à moins qu'il ne les juge dangereux pour la paix publique. Ce danger, on le sent bien, ne peut exister que pour des religions nouvelles, et non pour les communions chrétiennes, dont les doctrines morales sont aujourd'hui la règle de conduite, le droit public de tous les gouvernements européens, de ceux même qui sont les plus indifférents ou les plus hostiles au maintien du dogme catholique.

L'Église est la société des fidèles établie par Jésus-Christ, société unie par la croyance et le culte, et dirigée par des pasteurs légitimes dont le chef visible est le souverain ponlife. Cette société indépendante des temps et des lieux, qui ne connaît que des fidèles et non des citoyens, a un but tout spirituel, l'adoration de Dieu, et le salut des âmes par la pratique de la religion et des vertus chrétiennes. Pour parvenir à ce but céleste, l'Église n'emploie que des moyens spirituels, car, n'agissant que sur la conscience, tout moyen matériel lui est inutile; la violence ne donne point la foi. Si un de ses membres se révolte contre elle, elle le retranche de la communion des catholiques par un décret solennel, *une excommunication;* mais ce décret n'a d'effet que dans l'intérieur du sanctuaire; il frappe le fidèle, il n'atteint pas le citoyen, et l'État est, ce semble, sans intérêt pour intervenir, même indirectement, dans une décision qui ne le concerne pas.

Ainsi l'Église et l'État sont deux sociétés différentes qui, n'ayant ni le même but, ni le même intérêt, ni les mêmes moyens d'action, peuvent coexister l'une dans l'autre; chacune d'elles, indépendante et souveraine dans sa sphère, peut se mouvoir librement sans contrarier la puissance voisine.

« Cum potestas ecclesiastica consideret res æternas et tantum exerceatur per ministerium verbi, non impedit politicam administrationem, sicut ars canendi nihil impedit politicam administrationem. Nam politica administratio versatur circa alias res quam Evangelium. Magistratus defendit non mentes, sed corpora et res corporales adversus manifestas injurias, et coercet homines gladio et corporalibus pœnis, ut justitiam civilem et pacem retineat[1]. »

Ces paroles d'un synode protestant sont véritablement

---

[1] August. confess., tit. vii, *de potestate ecclesiastica.*

chrétiennes, et donnent une juste idée du caractère différent des deux puissances; seulement elles vont trop loin quand elles semblent supposer que l'Église commande à l'âme seule comme le magistrat au corps seul; l'Église a le droit de demander une obéissance extérieure, comme le magistrat peut légitimement exiger une obéissance autre que passive. L'État, par exemple, a certainement le droit de se préoccuper de l'éducation, des habitudes et des idées de ses sujets, quoique d'un tout autre point de vue que l'Eglise. Celle-ci considère l'homme comme fidèle, dans ses rapports avec Dieu, l'Etat le considère comme citoyen dans ses rapports avec la société politique; l'une a en vue la félicité éternelle, l'autre le bonheur terrestre. Dans le gouvernement des esprits, chacun a donc sa part et comme sa province différente; et en ce sens on peut dire que l'Etat[1] est dans l'Église dès qu'il s'agit de la direction religieuse, l'Eglise est dans l'Etat dès qu'il est question de la direction politique.

Si j'ai réussi à faire saisir les différences des deux sphères dans lesquelles se meuvent les deux puissances qui se partagent le gouvernement de l'humanité, on comprendra que l'Église et l'État non-seulement peuvent exister complétement indépendants l'un de l'autre, mais encore que cette séparation est leur condition la plus souhaitable; la liaison trop intime des deux puissances entraîne presque toujours une confusion préjudiciable à l'une des deux parties, et quelquefois à toutes deux. Si l'Église prend le dessus, le gouvernement n'est plus qu'une théocratie plus ou moins mitigée; si l'État exerce une influence trop grande, les intérêts spirituels se subordonnent souvent aux intérêts les plus vils parmi les intérêts temporels. L'Église sera d'autant plus

---

[1] L'État ne comprend ici, bien entendu, que les citoyens de la communion catholique.

sûre d'accomplir sa mission divine qu'elle demeurera plus étrangère aux combinaisons de la politique, et l'État, de son côté, ne sera jamais plus puissant et plus respecté que lorsqu'il consacrera toutes ses forces aux améliorations intellectuelles et matérielles de son domaine. La révocation de l'édit de Nantes, l'expulsion des Maures d'Espagne, sont des leçons qui ne doivent jamais être perdues. Que de maux, que de guerres on eût évités si les questions de religion n'eussent compliqué les questions politiques! Que de schismes, que d'hérésies, que de sang répandu on eût épargnés, si les querelles politiques n'avaient envenimé les querelles de religion!

L'indépendance de l'Église une fois admise, quel est le devoir de l'État? Est-ce de lui faire sa part dans la vie civile en écartant tous les obstacles qui peuvent gêner le libre exercice du culte? est-ce au contraire de rester complétement étranger et indifférent au sort de la religion, et de considérer l'Église comme une communauté civile, sur laquelle il n'a aucun droit de surveillance, et qu'il ne connait qu'au moment où des désordres publics viennent agiter la rue? Le dernier système est celui de l'Amérique du Nord, qu'on nous propose quelquefois comme modèle; le premier est celui qu'on a généralement adopté en Europe. Lequel vaut mieux?

Au premier abord, il semble que le système américain soit préférable; qu'il garantisse mieux l'indépendance de l'Église et qu'il débarrasse l'État d'une surveillance délicate; mais, dès qu'on pénètre dans la question, on s'aperçoit bientôt que ce système est aussi désastreux pour la religion que pour le pays, et que, dans un gouvernement centralisé comme le nôtre, il est à peu près impraticable.

Qu'il soit désastreux pour le pays et pour l'Église, la

France en a fait la triste expérience, et si l'on veut s'en
convaincre, qu'on lise, dans l'Histoire de M. Thiers [1],
les réflexions profondes du premier Consul lorsqu'il résolut
de faire le concordat malgré l'opposition d'esprits ardents,
qui, peu soucieux de renouer avec le passé, et médiocre-
ment favorables au catholicisme, demandaient que l'Etat ne
s'occupât point de la religion ; on verra que, sans l'inter-
vention puissante et l'accord du Pape et du premier Consul,
il eût été aussi difficile de rétablir l'ordre dans la société civile que dans la société religieuse. Le schisme, résultat naturel de l'abandon dans lequel l'État laissait la religion,
avait fait plus de mal au catholicisme que la persécution;
et ce schisme, en portant le trouble dans toutes les consciences, ébranlait la société civile jusque dans ses fonde-
ments.

Ce fut alors qu'un des hommes les plus sincèrement dé-
voués au pays et à la religion, Portalis, le principal auteur,
après le premier Consul, du rétablissement du culte catholique, proclama, du haut de la tribune nationale, les grands
principes qui, dans un pays bien organisé, doivent régler
les rapports de l'Église et de l'État; ces paroles, inspirées
par l'expérience, ont une importance toute particulière et
demandent une sérieuse attention.

« Il est de l'intérêt des gouvernements de ne point renoncer à la conduite des affaires religieuses. Ces affaires ont
toujours été rangées, par les différents codes des nations,
dans les matières qui appartiennent à la haute police de
l'Etat.

« Un Etat n'a qu'une autorité précaire quand il a dans son
territoire des hommes qui exercent une grande influence

[1] Thiers, *Histoire de l'empire*, t. III. p. 212 et 213.

sur les esprits et sur les consciences, sans que ces hommes lui appartiennent au moins sous quelques rapports.

« L'autorisation d'un culte suppose nécessairement l'examen des conditions suivant lesquelles ceux qui le professent se lient à la société, et suivant lesquelles la société promet de l'autoriser. La tranquillité publique n'est point assurée si on néglige de savoir ce que sont les ministres de ce culte, ce qui les caractérise, ce qui les distingue des simples citoyens et des ministres des autres cultes; si l'on ignore sous quelle discipline ils entendent vivre, et quels règlements ils promettent d'observer. L'État est menacé si ces règlements peuvent être faits ou changés sans son concours, s'il demeure étranger ou indifférent à la forme et à la constitution du gouvernement qui se propose de régir les âmes, et s'il n'a, dans des supérieurs légalement connus et avoués, des garants de la fidélité des inférieurs.

« On peut abuser de la religion la plus sainte. L'homme qui se destine à la prêcher, en abusera-t-il ou n'en abusera-t-il pas? s'en servira-t-il pour se rendre utile ou pour nuire? Voilà la question; pour la résoudre, il est assez naturel de demander quel est cet homme, de quel côté est son intérêt, quels sont ses sentiments, et comment il s'est servi jusqu'alors de ses talents et de son ministère. Il faut donc que l'État connaisse d'avance ceux qui seront employés. Il ne doit pas attendre tranquillement l'usage qu'ils feront de leur influence; il ne doit pas se contenter de vaines formules ou de simples présomptions, quand il s'agit de pourvoir à sa conservation et à sa sûreté[1]. »

.... « La religion catholique est celle de la très-grande majorité des Français.

[1] *Discours, rapports et travaux inédits sur le concordat de 1801*. Paris, 1815, p. 28.

« Abandonner un ressort aussi puissant, c'était avertir le premier ambitieux ou le premier brouillon qui voudrait de nouveau agiter la France, de s'en emparer et de le diriger contre sa patrie [1]. »

Assurément, ces considérations sont justes et inattaquables au point de vue politique: un État qui se trouve en présence de l'Église catholique, c'est-à-dire non pas d'une communauté ordinaire, mais d'un véritable gouvernement, plus ancien, plus fortement organisé qu'aucune des monarchies de l'Europe; un État pareil est insensé lorsque, appliquant à cette société puissante les lois faites pour des individus dont les attaques isolées ne sont jamais bien dangereuses, il veut se contenter de réprimer au lieu de surveiller et de prévenir. Dans un pays démocratique tel que le nôtre, où les corporations sont inconnues, où l'esprit d'association n'est point encore né, où l'État n'a jamais devant lui que des individus, se rend-on bien compte de ce que peut devenir, s'il n'était surveillé, un corps aussi nombreux et aussi uni que le clergé, soutenu par un budget occulte de cinquante à soixante millions, et agissant comme un seul homme à la voix de quelques chefs? Avec de la persévérance et de l'esprit de conduite, deux qualités qui lui ont rarement manqué, le clergé redeviendrait infailliblement, et dans un temps donné, la plus grande influence politique de la France, et il faudrait très-sérieusement compter avec lui comme avec un ordre distinct, ayant dans le pays des intérêts particuliers. La religion est une force qui, bien ou mal dirigée, peut être, pour l'État, un moyen d'action ou un danger; la laisser à la merci du fanatisme ou de l'intrigue, c'est ne pas gouverner, c'est abdiquer.

[1] *Discours, rapports et travaux inédits sur le concordat de 1801*, p. 20, au commencement.

Je dirai plus, il ne suffit pas, pour l'État, de surveiller la religion, il doit la protéger (d'une protection tout extérieure, bien entendu). La mission du gouvernement n'est pas une simple fonction de police, elle a, Dieu merci, un but plus noble. L'Église répond à un besoin national et au besoin le plus élevé : à ce titre, c'est le premier établissement social, celui qui mérite au plus haut degré la protection et les encouragements publics. Et, en effet, si c'est le devoir d'un gouvernement non-seulement de donner à ses sujets le bien-être matériel, mais encore de favoriser, par tous les moyens possibles, le développement intellectuel et moral de la nation ; si les écoles, les hôpitaux, les établissements de charité sont de son domaine, comment laisserait-il les Églises de côté ? Est-ce que le prêtre qui instruit et console est moins utile au peuple que le médecin qui guérit ? Tous deux ne sont-ils pas les seuls membres des classes élevées qui s'occupent activement des classes misérables et souffrantes, les deux seuls amis qui restent jusqu'à la fin au chevet du pauvre mourant ? Est-ce que la religion est moins utile que les arts ou les sciences et qu'elle a moins de titres pour réclamer une part du revenu national ? Est-ce qu'elle est moins nécessaire que l'éducation intellectuelle, cette éducation morale que seule peut donner complétement la religion, parce que seule elle a des réponses toutes faites pour des problèmes insolubles à toutes les philosophies, et une sanction intérieure pour toutes les transgressions, même les plus secrètes, pour les révoltes même involontaires de la chair et de l'esprit ? Il n'y a point dans le pays un intérêt qui soit plus grand, plus général, que l'intérêt religieux, et qui ait dans la société de plus profondes racines ; il n'y en a point, par conséquent, qui ait des droits plus réels à la protection du gouvernement.

Si l'État gagne à surveiller et à protéger le culte, la religion trouve de son côté un grand avantage dans cette protection. Les gens pieux qui veulent s'affranchir de cette tutelle ne réfléchissent point au danger immense qui menace une religion délaissée par le gouvernement. Je ne parle point du manque de fonds, sans lesquels le culte aura souvent peine à se maintenir dans certaines provinces; la piété des fidèles y suffira, je le veux croire: mais songe-t-on bien aux ravages du schisme, et l'exemple de l'Amérique est-il perdu pour nous? Aujourd'hui un prêtre se détache de l'union catholique: l'Église n'en souffre point, puisque le gouvernement est là pour prêter main-forte aux décisions de l'évêque, et pour éloigner le rebelle du sanctuaire; mais le jour où l'État sera indifférent, le triomphe du schisme ou de la vérité dans un canton donné sera une question de majorité. La communauté laïque, seule propriétaire, devant la loi, du temple qu'elle aura fait construire, des vases sacrés qu'elle aura achetés, se dissoudra et se liquidera en cas de schisme comme toute autre société civile se dissout par le désaccord des associés; ce sera une vente publique, un jugement qui seront destinés à ramener la paix publique, et à rétablir l'ordre troublé; l'événement de la licitation décidera si l'Église restera catholique romaine, ou catholique française, ou protestante. Magnifique résultat, dont la religion profitera sans doute à un haut degré! Un conseil municipal s'imposera extraordinairement pour subvenir aux besoins du culte; mais, quelques années plus tard, ce même conseil, revenu à d'autres sentiments, supprimera l'allocation et vendra le temple par mesure d'économie. Au lieu de se consacrer sans arrière-pensée aux devoirs de sa profession, le prêtre, de fonctionnaire vénéré, devenu un mendiant salarié par le paysan qu'il instruit, passera sa vie inquiète à quêter, à plaider, à se défendre contre le schisme, ou l'indifférence plus dangereuse encore que le schisme; triste situation dans laquelle l'Église ne gagnera certainement ni en indépendance, ni en considération.

On dira que de pareils malheurs n'arriveront pas, et l'on citera pour exemple l'union des premières communautés chrétiennes, et ce qui se passe dans des pays tels que l'Irlande, où les catholiques restent inviolablement unis à leurs évêques. Le premier exemple serait mal choisi; car, malgré toute la ferveur des premiers siècles, l'Église souffrit cruellement des schismes avant que les princes chrétiens la prissent sous leur garde. Quant au second, il serait encore moins concluant. Dans un pays où la religion est persécutée et représente la nationalité des opprimés, nul doute que les fidèles ne restent unis; le schisme, en pareil cas, n'est pas seulement un changement de croyance, c'est une trahison. Mais s'imaginer qu'en France, avec la liberté indéfinie des opinions, nous ne verrons pas le schisme reparaître du jour où il sera sûr de trouver des temples tout prêts, des fonds considérables, c'est une chimère; et je doute que le clergé consulté voulût courir les chances d'une aussi périlleuse expérience. Le peu de succès des théories soutenues par M. de Lamennais dans le journal l'*Avenir*, prouve du moins que le clergé français se fait une juste idée de sa situation. Il a pu demander qu'on relâchât, mais jamais qu'on rompît le lien qui l'attache à l'État.

Ainsi donc, à côté du principe de l'indépendance des deux puissances, nous inscrirons cet autre principe non moins important, que l'État a le droit de surveiller l'Église, et qu'il lui doit sa protection.

Comment organiser cette surveillance et cette protection pour que l'État n'empiète pas sur les droits de l'Église, pour qu'il ne gêne pas le libre développement de la religion? comment concilier l'indépendance de l'Église avec la protection et la surveillance sociale? C'est là le plus difficile problème de tout gouvernement! Indépendance et protection, ne sont-ce pas en effet deux idées inconciliables?

Non sans doute, et quoique cette apparente contradiction soit le thème favori de ceux qui réclament la liberté absolue (en d'autres termes, la souveraineté) pour la religion et ses ministres, rien n'est moins incompatible que la surveillance et la protection de l'État et l'indépendance de l'Église; il suffit pour s'en convaincre de réfléchir avec quelque attention sur les points soumis à la surveillance du magistrat et sur ceux qui lui échappent.

Dans quelle sphère l'Église est-elle indépendante? Dans la sphère purement spirituelle; c'est là qu'elle règne sans partage, comme l'État dans la sphère temporelle. Dans ces limites le magistrat politique est sans puissance, et en fait et en droit; croyez ce que vous voudrez, soyez catholique, luthérien, anabaptiste, mahométan, païen même si vous voulez, l'État n'a point d'empire sur les consciences et ne prétend plus imposer à ses sujets des formules de croyance. Mais l'Église, qui est une société d'hommes réunis par la communauté de la foi et des intérêts spirituels, forme nécessairement dans chaque pays une société, une communauté visible, extérieure, et, par conséquent, soumise à l'État comme société reconnue, soumise encore en chacun de ses membres en leur qualité de citoyens. Cette société a un culte qui se traduit en actes extérieurs, elle a des biens qui lui appartiennent, des temples dans lesquels elle officie; en un mot, elle entre dans la société laïque par tous les points; considérée comme simple communauté civile, abstraction faite de son caractère et de son but, c'est la plus riche et la plus nombreuse corporation du pays, et si puissante qu'elle forme, en quelque façon, un État dans l'État. C'est sur cette corporation considérée comme corporation civile, sur ses membres considérés comme administrateurs de la communauté, ou comme citoyens, sur ces manifestations extérieures du culte, sur ces biens considérables, que l'État prétend droit de surveillance, en vertu de son indépendance temporelle et de sa souveraineté. Son droit est incontestable, et à moins d'alléguer une origine divine, et de se prétendre supérieure à la société temporelle, on ne voit point comment la société spirituelle peut dénier au gouvernement un droit que nulle autre communauté ne peut lui refuser.

La protection de l'État est de même nature que sa surveillance; c'est une protection extérieure, politique, et qu'il ne faut pas confondre avec le droit que notre ancienne législation reconnaissait au roi, évêque extérieur et protecteur des canons. (Nous examinerons plus tard la valeur de cette ancienne théorie). L'État garantit à l'Église le libre exercice du culte, sa libre organisation et sa libre administration, non comme fidèle, et par respect pour le dogme catholique, mais comme magistrat; c'est à ce titre qu'il assure aux citoyens le droit de se réunir pour adorer la Divinité, qu'il défend ces réunions des troubles extérieurs, et même en certains cas, des troubles intérieurs. Ce n'est point la doctrine, c'est la paix publique qu'il prend sous sa garde. Ce que veut le gouvernement, c'est le maintien de l'ordre auquel doit se soumettre l'Église comme toute autre corporation; son droit est un droit de police, et non point une immixtion sacrilége dans le dogme ou la discipline. L'État dit à l'Église : « Or-« ganisez votre administration intérieure comme vous l'en-« tendrez, faites les lois et les règlements qui vous paraîtront « convenables, ceci n'est point de mon ressort. Ce qui

« m'appartient, c'est de connaître ces lois et ces règle-
« ments, car ce sont les conditions auxquelles je vous ad-
« mets au nombre des cultes reçus et protégés; ce qui
« m'appartient encore, c'est d'exiger que vous vous confor-
« miez à vos lois et à vos règlements, car du jour où vous
« vous en éloignez vous changez les conditions du contrat,
« vous n'êtes plus la société que j'ai admise, vous êtes une
« société nouvelle, avec les mêmes membres peut-être, mais
« avec une organisation différente, que je ne connais pas
« et que peut-être je n'accepte pas. » Ainsi la protection ne
peut exister sans la surveillance, l'une est la conséquence
obligée de l'autre; on ne peut protéger que ce qui mérite de
l'être, on ne peut connaître ce qui mérite protection qu'en
examinant, qu'en surveillant.

Le droit de protection, institué dans l'intérêt des fidèles, est
nécessairement un droit restreint; l'État ne peut, sans abuser de son pouvoir et sans tyranniser les consciences, s'im-
miscer au delà d'un certain degré dans l'exercice de la religion; son droit se borne à maintenir l'ordre dans le temple,
en assurant l'exécution des lois qu'il a reçues, mais qu'il n'a
point faites. Il en est tout autrement du droit de surveillance,
qui n'est autre chose que le mode par lequel se manifeste
l'action du gouvernement sur l'Église considérée comme
société reconnue par les lois. Ce droit est absolu; c'est à
l'État seul qu'il appartient d'interdire à l'Église tout acte qui
lui semble contraire au bien du pays, puisque l'État seul est
souverain dans son territoire.

L'État peut abuser de son pouvoir, dit-on, et gêner la
religion en contrariant l'exercice du culte. Théoriquement,
cela est vrai; mais en faisant le procès à l'État, on fait le
procès à la souveraineté même. Qui dit souveraineté, dit un
pouvoir absolu, irresponsable, qui peut aller jusqu'à l'abus;

mais, à moins d'imaginer Dieu lui-même jugeant sur la terre, il faut bien admettre avec ses excès possibles une puissance supérieure et suréminente qui règne dans le territoire, une puissance qui pèse les intérêts respectifs de l'Église et du pays, de qui dépend l'ordre public, et à laquelle, comme souverain, tous les sujets doivent finalement obéir. Si cette puissance n'est point l'Etat, qui sera-t-elle?

L'Église, dira-t-on, ne demande la souveraineté que dans les matières spirituelles. Mais c'est là reculer et non pas trancher la question; et en effet, qui déterminera ce qu'on doit entendre par matières spirituelles, l'Église ou l'État? La puissance qui fixera cette limite sera la puissance souveraine. Si c'est l'Église, elle regardera comme spirituelle toute question qui aura des rapports, même indirects, avec le péché, la morale, les sacrements, ou simplement avec ses intérêts temporels; c'est ainsi qu'autrefois les personnes et les biens ecclésiastiques ont été déclarés des personnes et des choses sacrées, protégées par le droit divin, et à ce titre indépendantes des lois de l'État. On a vu par exemple, dans la jeunesse de Louis XIV, les évêques de France s'agiter et se réunir pour déclarer qu'on ne pouvait, *sans fouler aux pieds toutes les lois divines*, faire juger par le Parlement le cardinal de Retz, coupable du crime de lèse-majesté. Le mariage, la sépulture, les contrats, les testaments, les successions, tout le droit civil en un mot a été déclaré matière spirituelle, appartenant essentiellement à la juridiction ecclésiastique. Le droit politique a été envahi comme le droit civil; et sous Louis XIII, à une époque où les lumières ne manquaient pas, des évêques ont été assez hardis pour déclarer que la France étant une monarchie essentiellement catholique, des fils d'hérétique n'y devaient point succéder. Sans remonter aussi loin, n'a-t-on pas vu de nos jours la loi du sacrilége transformer des délits communs en crimes extraordinaires dès qu'une église en était le théâtre? Il n'y a point de question temporelle qui ne puisse être envisagée comme mêlée d'un intérêt spirituel ; et par conséquent si l'Église est juge de cet intérêt, elle réalisera une seconde fois ses rêves de monarchie universelle [1].

Le même inconvénient existe-il quand l'État juge en dernier ressort si telle ou telle matière lui appartient? Je dis que non, l'État n'ayant aucun intérêt temporel à empiéter sur le domaine spirituel; mais ce danger fût-il possible, je réponds que l'État seul doit encore avoir le dernier ressort, car il est le maître du territoire, le représentant de tous ceux qui l'habitent : son intérêt est donc supposé être l'intérêt général, contre lequel ne peuvent prévaloir des intérêts particuliers, quelle que soit leur nature. Si l'Église se trouve grevée, elle a, comme toutes les autres sociétés reçues, le droit d'agir par les voies légales; les fidèles, en leur qualité de citoyens, peuvent écrire, pétitionner, s'adresser à l'opinion publique, aux grands pouvoirs de la société; mais si l'État persiste dans une mesure que l'Église considère comme oppressive, elle n'a que deux partis à prendre : se soumettre ou quitter le territoire. *Quand on vous persécute dans un pays, fuyez dans un autre*, a dit Jésus-Christ (saint Matthieu, x, 23); il n'a pas mis la résistance et la rébellion au nombre des moyens par lesquels les fidèles peuvent faire triompher ce qu'ils croient la vérité.

Ces principes établis, entrons maintenant dans le détail de la législation religieuse, nous comprendrons mieux par l'exemple comment l'Église peut, sans rien perdre de son

[1] Voyez les justes réflexions de Portalis, p. 130 et suiv.

indépendance, vivre sous la surveillance et la protection de la puissance publique.

Ramenons à quatre points, suivant une ancienne division, l'autorité de l'État (on disait autrefois du roi) sur tout ce qui concerne la religion : 1° la doctrine; 2° le culte; 3° les personnes ecclésiastiques; 4° les biens.

La doctrine qui nous apprend qu'il y a un Dieu, quel il est, et ce que nous lui devons, est indépendante du magistrat politique; cela est évident. S'il pouvait examiner et apprécier le dogme, il serait évêque, et plus encore, car il se pourrait rendre directement ou indirectement maître de la croyance.

La souveraineté de l'Église en matière de foi emporte nécessairement le droit d'enseigner librement les doctrines religieuses, de condamner les doctrines anticatholiques, d'administrer en toute liberté les sacrements. Nous traiterons de ce dernier point en parlant du culte.

Ce droit est absolu, et on ne peut sans tyrannie et sans persécution empêcher l'Église de répandre et de propager ses croyances; mais néanmoins l'État, en vertu de sa surveillance, peut s'opposer à certaines manifestations dangereuses pour l'ordre public.

C'est ainsi, par exemple, que si un prédicateur fait de la chaire une tribune, et provoque au mépris des lois et à la sédition, le magistrat a le droit de lui interdire la parole sans que l'Église puisse raisonnablement se refuser à l'obéissance; car s'il est de nécessité au salut des peuples que la parole de Dieu soit enseignée, et si l'Église ne peut transiger sur ce point, il n'est pas de nécessité que ce soit par tel ou tel prédicateur, au lieu qu'il est de nécessité pour l'État que ce ne soit pas par un séditieux.

C'est en vertu du même principe que l'État a le droit

d'exiger que les bulles et décrets du pape lui soient communiqués, et soient revêtus de son visa avant d'être publiés en France (ce qu'il faut entendre aujourd'hui d'une publication solennelle faite par les évêques dans leurs mandements, et non point de l'impression dans un journal, mode de publication permis à tout le monde). L'État, en pareil cas, n'entend point juger de la doctrine; et comment d'ailleurs empêcherait-il ses sujets de croire aux décisions de foi que la bulle peut contenir? mais il veut empêcher que, sous prétexte de doctrine, une bulle ne soit qu'une attaque contre les droits de la puissance publique, attaque d'autant plus dangereuse qu'elle prend un voile religieux. Vaudrait-il mieux, pour ceux qui s'opposent à cette mesure bénigne, qu'on laissât publier la bulle par les évêques, sauf à les poursuivre devant les tribunaux pour atteinte aux droits de l'État, comme autant de gérants responsables? Ou, prétendra-t-on que jamais bulle du pape ne touchera aux intérêts temporels, quand on a vu de nos jours un pape excommunier le peuple français pour le mettre au ban de l'Europe, et aider les armées étrangères de ses foudres spirituels?

Dans ces deux cas, qu'on le remarque bien, l'État n'empiète point sur la doctrine, car il n'ordonne rien, il ne commande rien; loin d'être agresseur, il se tient sur la défensive; il n'entre pas sur le domaine de l'Église, il empêche, il défend que l'Église n'empiète sur le domaine temporel.

La tenue des conciles provinciaux est encore un des points sur lesquels l'État doit exercer sa surveillance. Il n'a point à se mêler de la question de foi ou de discipline qui fait l'objet de la convocation du concile, et on peut dénier aujourd'hui au gouvernement le droit qui appartenait autrefois au roi, protecteur des canons, de provoquer ces réunions; mais comme tout concile est une assemblée, et que toute assemblée ne peut se faire sans le consentement du magistrat politique, c'est au gouvernement seul qu'il appartient d'autoriser la réunion, d'en fixer le temps, le lieu et la durée, et de contrôler jusqu'à un certain point l'ordre et le sujet des délibérations, pour qu'il ne s'y mêle rien de politique. En refusant d'autoriser des réunions utiles à la religion (et à notre avis tels seraient les conciles provinciaux réclamés de tout temps par le clergé), l'État peut être accusé d'user avec rigueur de son droit; mais ce droit est incontestable; car s'il y a en France un corps qui ait le droit de se réunir sans la permission de la puissance publique, où il voudra, quand il voudra, et pour discuter sur des questions de son choix; si cette réunion ne peut être dissoute que de son libre consentement, cette assemblée, quel que soit son nom, est souveraine; elle peut faire ce que la constitution interdit à la Chambre des pairs et à la Chambre des députés, deux assemblées qui, pour prétendre à l'indépendance politique, ont certes autant de droit qu'une réunion d'évêques [1].

Pour les conciles généraux qui se tiennent en dehors

---

[1] Le Parlement, dans notre ancienne monarchie, établit le droit de l'État en ce point avec une extrême rigueur. En 1826, l'archevêque d'Auch ayant réuni dans son logis un conciliabule, le Parlement lui ordonna de ne point donner suite à cette réunion. L'archevêque répondit à l'huissier du Parlement comme on ferait aujourd'hui, que *l'arrêt était un attentat intolérable contre l'honneur de Dieu et l'autorité de sa majesté, lequel va à la subversion de l'Église et de l'État; que les prélats ont pouvoir et obligation de tout droit divin et humain de s'assembler pour les affaires de religion et d'Église quand les occasions le requièrent.* Le Parlement ne se laissa point effrayer par ces grandes paroles; il fit lacérer et brûler par le bourreau la réponse de l'archevêque comme *tendant à la destruction des lois fondamentales de l'État,* et remontra au roi *que les ecclésiastiques par actes ont fait signifier qu'ils ne sont plus sujets de sa majesté, puisqu'ils n'ont pas de juges, et ont tout pouvoir de s'assembler de droit divin et de droit humain.* On voit que la résistance et l'attaque n'ont guère varié depuis deux cents ans.

du territoire, c'était autrefois une question fort agitée de savoir si les évêques français pouvaient s'y rendre sans la permission du roi. La loi politique les considérait comme les féaux du roi, et tellement attachés au souverain par leur serment de fidélité, qu'il ne leur était pas permis de sortir de France sans son congé. Aujourd'hui cette question nous paraît sans intérêt : il est peu probable qu'on voie de longtemps convoquer un concile œcuménique; mais si un besoin universellement senti par toute la chrétienté nécessitait la tenue d'une telle assemblée, il nous semble difficile de comprendre comment l'État pourrait, sans violenter la religion, défendre aux représentants de l'Église de France d'assister à cette sainte réunion. Il est clair qu'en pareil cas le caractère public de l'évêque disparaîtrait tout à fait devant son caractère spirituel. Quant aux décisions que rendrait un concile, celles qui touchent la foi sont en dehors des atteintes de l'État; pour celles qui concernent la discipline, l'État aura toujours le droit de ne les recevoir qu'après avoir examiné si elles changent la discipline régnante, c'est-à-dire les conditions auxquelles il assure sa protection à l'Église de France.

Quand nous disons que l'Église a le droit d'enseigner en toute liberté ses doctrines, nous ne parlons, bien entendu, que de l'enseignement religieux, c'est-à-dire de cet enseignement qui est compris dans le catéchisme; l'État ne peut, sans injustice, empêcher l'Église de donner l'instruction religieuse et dans ses temples et en dehors de ses temples; il ne peut notamment, sans se montrer persécuteur, lui refuser les moyens de donner à la jeunesse catholique l'enseignement religieux; mais le droit de l'Église ne va pas plus loin, et elle ne peut pas prétendre au monopole de l'éducation, sous prétexte qu'elle est intéressée à ce que l'éducation reçoive une direction pieuse, et soit donnée dans l'esprit catholique. Quelque respectables que soient ses prétentions, le droit de l'Etat est égal au sien sous le point de vue du développement moral des jeunes générations, et supérieur sous le point de vue du développement intellectuel. L'Etat a besoin de citoyens, comme l'Eglise a besoin de fidèles, et pour l'éducation civique, personne ne peut prétendre savoir mieux que lui ce qu'il convient de faire. Il peut sans doute appeler le clergé à partager avec lui l'enseignement littéraire; il peut lui faire la part aussi large qu'il voudra dans l'éducation de la jeunesse; mais c'est une concession toute bénévole, dont il est maître de fixer les conditions, et qui n'emporte aucune reconnaissance d'un droit supérieur de l'Eglise. L'Etat ne doit pas empiéter sur l'instruction religieuse, mais, en dehors de cette sphère, il est maître de l'enseignement; à moins qu'on ne prétende obtenir indirectement pour l'Eglise un droit qu'on n'oserait lui reconnaitre directement, c'est-à-dire la constituer souveraine maitresse de la société civile, dès qu'il s'agit d'un intérêt qu'elle déclare spirituel.

L'indépendance et la souveraineté de l'Eglise, en matière de doctrines, emportent avec elles le droit de condamner les doctrines contraires, et d'exclure de la communion les membres infidèles; car sans cette juridiction (juridiction toute spirituelle, sans emploi de contrainte ni de moyens extérieurs), la société religieuse se trouverait envahie et débordée par le schisme ou l'hérésie.

Cette condamnation des doctrines, ce retranchement des personnes, en d'autres termes, l'excommunication, est une arme toute spirituelle, et il nous semble, sauf meilleur avis, que l'Etat est sans titre pour contrôler une semblable juridiction. L'Eglise, dira-t-on, peut abuser de son droit. Cela est vrai; mais l'Etat aussi peut abuser du sien; c'est le défaut de toutes les puissances souveraines; et si l'Etat peut juger du mérite d'une excommunication et la suspendre parce qu'elle est rendue injustement, pourquoi l'Eglise ne peut-elle pas se mêler aussi des intérêts temporels, et casser les lois qu'elle juge contraires ou préjudiciables au bien de la catholicité? Ce n'est pas à dire qu'une excommunication ne puisse être entourée de circonstances qui en dénaturent le caractère, et transforment une mesure spirituelle en une résistance aux lois, ou une provocation à la révolte; mais, en pareil cas, ce n'est point l'exercice, même injuste, d'une prérogative religieuse que poursuit le magistrat, c'est tout simplement le délit politique.

Une conséquence de la libre profession des doctrines, et de la protection que l'Etat doit à toute religion reconnue, c'est le droit de l'Eglise de recevoir dans son sein les membres des autres communions. L'Etat ne s'occupe point de la religion de ses sujets: ils ont, par conséquent, le droit d'en changer si bon leur semble, sans que leur position de citoyens soit le moins du monde altérée par ces variations. L'Etat, seulement, dans l'intérêt de l'ordre public et du maintien de la paix entre les différentes communions reçues, a droit d'exiger que le prosélytisme s'exerce par les seuls moyens spirituels, et non par des moyens que réprouve la morale publique. C'est ainsi que les lois allemandes ne permettent pas aux enfants nés de mariages mixtes de quitter, avant leur quatorzième année, c'est-à-dire avant l'âge de raison, la religion que la loi leur attribue, et reculent jusqu'à cet âge la communion et la confirmation, pour que l'enfant adopte ou rejette librement la confession que le hasard de la naissance lui a donnée; c'est ainsi qu'on exige en certains pays une déclaration publique du changement de communion comme une garantie de complète liberté chez celui qui abdique la foi de ses pères, comme un témoignage certain qu'aucune influence illicite, et de nature à troubler le bon ordre, n'a décidé la conversion.

Nous avons examiné de quelle façon il faut entendre l'indépendance de l'Eglise à l'endroit de la doctrine. Occupons-nous maintenant du culte.

Le culte comprend les prières, les cérémonies, l'administration des sacrements. Ce sont toutes choses spirituelles, mais qui, se manifestant extérieurement, sont, par ces manifestations, soumises à l'inspection supérieure de l'Etat.

La prière en soi est une chose toute spirituelle, mais c'est à condition qu'elle n'aura qu'un objet purement spirituel, et qu'on n'abusera pas du droit d'invoquer Dieu pour faire de la politique ou de la sédition. De là vient que, suivant nos usages, on ne peut changer les Bréviaires ni les Missels sans la permission de l'Etat. Est-ce que le magistrat a le droit de se mêler des offices, et d'empêcher l'Eglise de canoniser et de fêter un saint nouveau? Nullement, mais il a le droit de s'opposer à ce que, sous prétexte de liturgie, on n'introduise dans le pays des principes dangereux. Le gouvernement a reconnu l'Eglise à certaines conditions, après avoir constaté quels étaient son culte et sa discipline: en changeant ces deux choses on se trouve dans une situation nouvelle, et l'Etat a le droit, ou de refuser le changement, ou de mettre l'Eglise au rang des cultes non reconnus; c'est un droit extrême, rigoureux, mais qui nous semble incontestable. Vous voulez, dans votre Bréviaire, remplacer saint Louis par un saint fort peu vénéré en France, saint Grégoire VII qui a subordonné les couronnes à la toute-puissance du pape: vous le pouvez, l'Etat n'est point théologien, et ne peut vous contraindre à modifier le culte; mais on vous a reçu avec tel Bréviaire et tel Missel, c'est-à-dire avec des doctrines et un enseignement respectables : aujourd'hui vous changez la règle de la prière pour changer la règle de la croyance (*Lex orandi statuat legem credendi*, comme dit énergiquement saint Augustin), *vous innovez*, l'Etat ne veut pas de vos innovations; ou cédez, ou renoncez à la protection de la puissance publique.

Quant aux églises, aux oratoires, aux chapelles, pour les élever il faut évidemment le consentement de l'Etat, seul juge des inconvénients politiques ou matériels de semblables constructions; mais il est évident qu'à moins de raisons majeures (telle par exemple que le petit nombre des fidèles au milieu d'un nombreux pays protestant), on ne peut sans injustice refuser une pareille autorisation.

Les cérémonies religieuses qui ont lieu dans l'intérieur du sanctuaire sont hors du domaine politique. Qu'elles se passent en ordre, conformément aux rites établis, le magistrat ne peut rien exiger de plus. Tout son droit, à cet égard, se borne à prendre quelques mesures de police pour que la paix ne soit point troublée; c'est ainsi qu'on a interdit presque partout la célébration publique de la messe de minuit, occasion de désordre pour les gens malintentionnés.

Les cérémonies extérieures, processions, transport de reliques, pèlerinages, ces fêtes, qui se célèbrent sur la voie publique, sont évidemment beaucoup plus sous la dépendance de l'Etat que les cérémonies qui se passent dans l'intérieur du temple et entre les seuls fidèles. Toutes ces réunions, qui sont des assemblées publiques, ont besoin de l'autorisation du magistrat, qui doit concilier la protection du culte avec le maintien de l'ordre, et les justes égards dus aux autres communions. Il ne faudrait pas seulement pousser trop loin la rigueur, et il nous semble qu'on a été bien sévère à Paris, quand on a interdit les innocentes processions du Saint-Sacrement, dignes certainement d'un meilleur sort, à ne les considérer que comme fêtes populaires.

L'administration des sacrements est encore dans le ressort exclusif de la puissance spirituelle : c'est à elle de déterminer l'âge, l'instruction nécessaires pour être admis à participer à ces dons spirituels ; c'est à elle de les accorder ou de les refuser à qui bon lui semble, fût-ce justement, fût-ce injustement, car il n'y a pas de pouvoir supérieur pour l'y contraindre, à moins de donner à l'Etat la haute main sur les choses spirituelles. Il y a seulement certains règlements extérieurs dont l'Etat peut s'occuper ; par exemple, il peut exiger que la dispensation des sacrements soit gratuite, et toujours à la portée des besoins du peuple ; mais là se borne le droit du magistrat, et nul gouvernement, que je sache, ne revendique aujourd'hui le rôle du Parlement au temps de la bulle *Unigenitus*.

Mais si l'Etat n'a rien à prescrire à l'Eglise sur la dispensation des sacrements, s'il ne pourrait, sans se couvrir de ridicule, ordonner à un prêtre de donner la communion à telle ou telle personne excommuniée par un évêque, et déclarée fidèle par un arrêt de Cour royale ou du Conseil d'Etat, il y a cependant deux sacrements qui ne peuvent raisonnablement être conférés malgré son opposition, parce que ces sacrements ne désirent pas une simple capacité intérieure, spirituelle, mais encore et de plus une capacité extérieure, temporelle, et par conséquent du ressort de la puissance civile ; je veux parler de l'Ordre et du Mariage.

Je traiterai de l'Ordre en parlant des personnes ecclésiastiques ; quant au sacrement du mariage, il est en soi (je le reconnais, quoiqu'il y ait plus d'un théologien d'avis contraire) tout à fait indépendant du contrat civil, et rien n'empêcherait l'Eglise de ne pas se conformer à la loi civile; mais il suffit de réfléchir aux conséquences désastreuses qui résulteraient d'un pareil système, pour comprendre avec quelle sagesse et quelle raison elle a conformé ses usages aux lois de chaque pays. Que serait une union bénie par le prêtre et non reconnue par la loi civile? Dans le for intérieur ce serait un mariage, civilement ce serait le concubinage, et la plus dangereuse de toutes les unions réprouvées par la législation, puisqu'elle aurait pour elle une apparence de solidité, faite pour décevoir les âmes les mieux situées. Quel rôle pour le clergé que de se mettre en révolution ouverte avec la puissance civile, non pas pour défendre le dogme, mais pour favoriser le désordre, et rendre possibles des unions que défend la loi temporelle, telles qu'un mariage désapprouvé par les parents, ou contracté clandestinement? Mais quel est l'Etat qui souffrirait dans son territoire un tel désordre soutenu par la religion? quel est celui qui ne prendrait point contre les ministres du culte des moyens énergiques pour forcer tout le monde à l'obéissance? Le plus sage en pareil cas pour l'Eglise est donc de se conformer aux lois civiles, et de régler certaines conditions exigées pour le sacrement sur les conditions exigées par le Code.

En ce cas, remarquez-le bien, comme en tous ceux que nous avons examinés, c'est toujours par *veto* qu'agit l'Etat, jamais par commandement; car ce sont les intérêts temporels qu'il défend, jamais les intérêts spirituels qu'il envahit. Ordonner à l'Église de bénir des mariages mixtes alors qu'on exige que tous les enfants soient élevés dans la religion protestante; enjoindre au prêtre de consacrer la seconde union d'une femme divorcée dont le premier mari est vivant, voilà qui serait un envahissement du temporel sur le spirituel; lui défendre de troubler la société civile en favorisant des unions légalement illicites, c'est au contraire agir dans les limites les plus légitimes, et sans porter atteinte au caractère que le sacrement imprime à l'union des époux.

Disons maintenant un mot de la protection que l'État doit au culte; cette protection, tout extérieure, doit écarter tout ce qui peut troubler les fidèles dans la pratique de la religion; la loi pénale doit atteindre quiconque trouble l'intérieur du temple, quiconque injurie les ministres du culte, quiconque provoque directement au renversement des autels; l'État, en punissant cesdélits, agit comme conservateur de l'ordre social; il ne s'agit point pour lui du plus ou moins de vérité de la religion, il garantit à ses sujets l'exercice paisible du culte; toute agression qui trouble des cérémonies protégées par la loi est une atteinte à la paix publique.

On peut aller plus loin encore, et dire que l'État doit se conformer autant que possible aux exigences communes des grandes communions chrétiennes, toutes les fois qu'il n'a point intérêt à prendre un parti différent; il doit en effet donner l'exemple du respect au culte, et éviter ce qui pourrait inutilement le contrarier. C'est ainsi, par exemple, que le dimanche et certaines grandes fêtes, étant observées comme jours de repos par les protestants aussi bien que par les catholiques, c'est-à-dire par la très-grande majorité du royaume, il est convenable que l'État ne contrarie point les fidèles et respecte ces jours solennels. Quant à ce qu'il doit exiger des citoyens, c'est une tout autre question, et qui complique souvent la première fort inutilement. Qu'un citoyen, au lieu de prier, travaille ou s'amuse, c'est un point à démêler entre cet individu et la communion à laquelle il appartient; car sa conduite n'est coupable que devant Dieu, l'État n'a rien à lui demander pourvu qu'il ne trouble point la paix publique. Autre chose serait si l'État, voulant assurer un jour de repos aux classes laborieuses, ou, comme en certains pays d'Allemagne, établissant des écoles pour perfectionner l'éducation des adultes, choisissait le dimanche comme jour de repos légal ; il n'est pas douteux que l'État n'ait le droit d'établir une semblable institution ; mais en pareil cas, il est évident que ce règlement est une mesure politique et non point une reconnaissance de droit supérieur de l'Église. Si c'était par un motif religieux que l'État se décidât, il aurait tort, car il empiéterait sur le domaine de la conscience, aussi sacré que celui de la religion. Tous les sujets doivent suspendre leurs travaux le dimanche si le magistrat l'ordonne ; mais si c'est l'évêque qui parle par la bouche du magistrat, c'est une violence faite au juif, au mahométan, à l'indifférent, qui ont certes le droit de travailler le dimanche aussi bien que tout autre jour de la semaine.

Je viens maintenant aux personnes ecclésiastiques : on peut les considérer sous un double aspect, comme citoyens, comme ministres du culte.

Comme citoyens, ils sont soumis au magistrat politique aussi bien dans les causes civiles que dans les causes criminelles, et c'est du gouvernement qui veut honorer leur caractère, et non pas de leur caractère même, qu'ils tiennent leurs priviléges dans l'ordre civil, tels que l'exemption du service militaire, de la contrainte par corps, etc. La raison de cette soumission est évidente ; ils sont citoyens avant que d'être prêtres, et à moins de soutenir qu'en devenant prêtre on cesse d'être citoyen, il est clair qu'on doit rester soumis aux lois du pays dans lequel on habite. Jésus-Christ, qu'on ne l'oublie pas, obéissait à César.

Considérés comme ministres du culte, les ecclésiastiques reçoivent de l'Église seule leur caractère et leur mission ; c'est de l'Église seule également qu'ils sont justiciables pour les délits purement religieux, tels que la simonie ou l'hérésie; cependant, le rôle important que jouent dans la société ces personnes sacrées a fait exiger en tous pays qu'elles remplissent certaines conditions d'âge, de science et même de fortune et de nationalité; conditions tellement sages, que l'Eglise les a pour la plupart adoptées. C'est ainsi que, suivant les canons, nul ne peut être promu aux ordres sacrés s'il n'a vingt-cinq ans, s'il ne justifie d'un certain revenu qui le préserve de la misère, etc. Toutes ces conditions et d'autres encore ont pu être imposées par l'Etat sans qu'il empiétât en rien sur les droits de l'Eglise; car si l'Ordre est un sacrement que l'Eglise peut conférer à sa volonté à celui qu'elle en trouve digne, l'Etat de son côté peut refuser de reconnaître pour agent de la communauté l'homme qui ne peut sans danger pour le pays remplir la fonction à laquelle il est appelé; fonction dans laquelle l'Etat est toujours partie plus ou moins indirectement, puisque d'un bon ou d'un mauvais prêtre dépend souvent la tranquillité ou le trouble d'une commune. Je n'insiste pas sur ce point, si évident, qu'il a été admis dans tous les concordats; partout, même en traitant avec des princes protestants, le pape a reconnu aux souverains le droit de *veto* sur les sujets présentés à l'épiscopat qui ne rempliraient point les conditions politiques exigées, ou même simplement qui pourraient déplaire. Ce droit de *veto* est peut-être préférable, pour l'indépendance de la religion et de ses ministres, au système français qui donne au gouvernement une part trop directe à la nomination des évêques. On gagnera toujours à ce que chacune des deux puissances reste dans sa sphère, et ce n'est point y rester que de présenter un évêque à la nomination du pape, car il faut en pareil cas, pour faire un bon choix, connaître les opinions et les sentiments religieux du candidat; connaissance nécessairement étrangère au magistrat politique.

L'évêque une fois nommé par le pape, le droit du gouvernement est épuisé, et il n'appartient plus à la puissance temporelle de le déposer ou de le remplacer; seulement le caractère sacré du pontife ne fait point disparaître celui du citoyen, et si le ministre du culte commet quelque délit politique, il est justiciable des tribunaux ordinaires, comme tout autre coupable.

Mais qu'arriverait-il si l'évêque profitait de sa haute position, pour attaquer par des mandements, par des actes extérieurs, et les lois de l'État et le respect dû aux autres communions? si un prédicateur, par exemple, censurait nos lois civiles, qui, malgré la singulière décision du concile de Trente, ne donnent point aux évêques l'inspection des écoles publiques et l'exécution des dernières dispositions pieuses [1]; ou si, blâmant dans un mandement la nomination d'un professeur juif dans un collége royal, il défendait sous peine d'anathème aux parents catholiques d'envoyer leurs enfants dans cette maison maudite? L'État sera-t-il désarmé en pareil cas, ou verra-t-il un délit justiciable de la police correctionnelle ou du jury dans cet abus des fonctions épiscopales? Nous pensons que par respect pour l'Église, toujours partie dans les fautes de ses membres, l'État a mieux à faire, et que le système adopté en France depuis quatre cents années, celui d'un blâme solennel prononcé par l'État, est infiniment préférable. On voit que je veux parler *des appels comme d'abus*, que je considère comme le plus convenable et le plus légitime moyen de répression pour les délits

______

[1] *Concil. Trid.*, can. VIII, sess. XXII.

commis par les membres du clergé en leur qualité de fonctionnaires ecclésiastiques.

Ce moyen de répression, qui n'est point particulier à la France, et dont l'usage est beaucoup plus ancien que le nom, car l'appel comme d'abus n'est autre chose que la défense de la puissance temporelle contre les envahissements du clergé; ce moyen de répression a été dernièrement attaqué par M. l'archevêque de Paris dans un livre écrit avec une prudence et une modération qu'on regrette de ne pas retrouver au même degré chez d'autres membres de l'épiscopat[1].

Mais si nous ne pouvons assez louer la forme du livre de M. l'archevêque de Paris, il nous est impossible d'admettre la base sur laquelle il s'appuie pour attaquer les appels comme d'abus.

L'article 8 de la loi du 18 germinal an X déclare cas d'abus :

1° L'infraction des règles consacrées par les canons reçus en France, l'attentat aux libertés, franchises et coutumes de l'Église gallicane;

2° L'usurpation ou l'excès de pouvoir;

3° La contravention aux lois et règlements du royaume;

4° Toute entreprise ou tout procédé qui dans l'exercice du culte peut compromettre l'honneur des citoyens, troubler arbitrairement leur conscience, dégénérer contre eux en oppression, en injure ou en scandale public.

De ces cas d'abus, M. l'archevêque de Paris admet le second et le troisième comme légitimes; le premier, il le rejette; et quant au quatrième, il ne l'admet que sous des

---

[1] *De l'appel comme d'abus, son origine, ses progrès et son état présent,* par M. l'archevêque de Paris. Paris, 1845, chez Adrien Leclère.

restrictions qui le détruisent à peu près complétement. Le motif sur lequel se fonde M. Affre, c'est que les canons sont une chose purement spirituelle, dont l'interprétation n'appartient qu'aux évêques. Les fidèles ne peuvent pas se plaindre à l'État si cette prétendue infraction des canons les blesse ou non dans leur conscience, car leur obéissance est libre, et s'ils ne veulent pas se soumettre, ils n'ont qu'à sortir de l'Église.

« La loi, dit M. Affre, ne voit point un déshonneur dans l'exclusion de l'Église et de ses sacrements. La Charte admet tous les Français, quel que soit leur culte, aux emplois publics ; donc la Charte ne voit aucun préjudice causé à celui que le prêtre ne traite pas comme catholique. »

Ainsi un évêque interdirait demain les sacrements à tous ceux qui ne reconnaîtraient point Henri V, comme autrefois les chanoines de Reims, qui gouvernaient le diocèse après la mort du cardinal de Guise, excommunièrent quiconque oserait rester fidèle à Henri III, qu'en pareil cas l'État devrait rester muet. Et en effet, il n'y aurait pas délit politique, puisque le refus des sacrements est une chose spirituelle, et que l'infraction des canons ne concerne point le magistrat politique.

Certainement une doctrine qui mène à de telles conséquences est fausse et directement contraire à l'esprit de la religion. L'Église n'est pas un État despotique, dans lequel tout dépende du caprice ou de la passion des évêques ; c'est une monarchie tempérée qui a ses règles, ses lois, que l'évêque doit suivre comme le dernier des fidèles. Quelque étendue que soit l'autorité du pontife dans les choses spirituelles, elle n'est pas néanmoins absolue et doit être restreinte suivant les lois de l'Église. Si l'évêque se met au-dessus des canons, le fidèle a droit de se plaindre et d'appeler l'attention de l'État sur l'infraction de la discipline, car cette discipline, ces usages sont à la fois les lois de la communauté et les conditions auxquelles l'État a reçu l'Église et lui a permis le libre exercice du culte. Si l'évêque viole ces lois, l'État a le droit de le blâmer solennellement et en quelque façon de le rappeler à l'ordre. C'est ce que fait la déclaration d'abus. Pour juger si les canons ont été enfreints, il n'y a besoin ni d'être un membre du clergé ni même un catholique; il suffit de rapprocher l'acte de l'évêque de la loi religieuse alléguée par celui qui se plaint. C'est là un procès qui n'a rien de particulier, si ce n'est la douceur de la punition. L'État, qu'on le remarque bien, ne sort pas de sa sphère. Il ne prétend pas avoir le droit d'établir des règles, des canons auxquels le prêtre doit se soumettre; il prend les canons tels que l'Église les a établis et demande à l'évêque d'observer la loi religieuse sous laquelle il vit. A moins de prétendre que les évêques sont infaillibles et souverains, je ne vois point ce qu'on peut trouver à reprendre dans le mode d'agir de l'État. Un évêque refuse la sépulture chrétienne à un catholique mort dans la communion de l'Église et qui a reçu les derniers sacrements; il cause par sa conduite un trouble violent dans la commune témoin de son intolérance. Quels sont les droits du gouvernement en pareil cas? Il empiéterait sur le domaine spirituel s'il ordonnait à cet évêque de faire célébrer les cérémonies religieuses de la sépulture chrétienne. Mais lorsqu'il blâme le fanatique qui, au mépris des canons, a refusé les dernières prières à un chrétien mort dans la communion de l'Église, il agit dans les limites de ses droits. Il ne décide point du mérite, mais seulement de l'existence de la loi religieuse, et déclare solennellement que les conditions auxquelles l'Église a été reçue dans l'État ont été violées. C'est à lui seul sans doute qu'appartient cette déclaration, puisque seul il est le maître de protéger le culte, ou de ranger le catholicisme dans la classe des religions qu'il refuse de reconnaître.

J'ajoute que le droit de l'État ne peut être déterminé par avance, ni la contravention spécifiée, parce que le gouvernement doit toujours rester le maître de blâmer comme souverain un acte coupable ; également il est impossible d'admettre que l'examen de l'abus puisse être confié à une commission mixte, mi-partie de laïques et d'ecclésiastiques, car il s'agit en pareil cas, non point d'un intérêt religieux, quoiqu'il soit question de choses religieuses, mais seulement d'un intérêt politique, ou du maintien de l'ordre public.

Nous n'avons parlé jusqu'ici que du clergé séculier. Quant aux communautés et aux congrégations religieuses, c'est une maxime admise de tout temps en France qu'elles ne peuvent s'établir ni subsister sans la permission du souverain. La raison de cette règle est trop visible pour que nous insistions sur ce point. Il n'y aurait plus de souveraineté du jour où une corporation quelconque pourrait s'installer et s'organiser dans le pays sans la permission du magistrat politique. Sans doute rien n'empêche l'État de se relâcher sur ce point de la sévérité de notre législation, et on comprend un ordre de choses où il laisse à tous les citoyens la liberté de se réunir sans autorisation, son droit de surveillance réservé. Il est évident qu'en pareil cas les religieux pourraient se réunir comme d'autres français, et se former en communauté sous la protection des lois ; mais qu'on le remarque bien, ce serait en vertu du droit commun et comme citoyens, et non point en vertu d'un privilége de droit divin et comme religieux, que ces communautés seraient admises dans la société. Prétendre avec M. de Ravignan, que l'État, qui permet la liberté des cultes, ne peut interdire la profession religieuse, parce que la profession religieuse est *l'exercice de la liberté de conscience;* c'est avancer le plus insoutenable des sophismes. La liberté des cultes reconnus n'est point illimitée, elle s'exerce dans la forme et dans la mesure voulue par l'État et acceptée volontairement par l'Église, dès qu'elle consent à vivre sous l'empire des lois civiles; sinon, à quelle conséquence absurde n'arriverez-vous pas! Vous ne pouvez faire votre salut, dites-vous, sans être dominicain, capucin, ou jésuite? Soyez jésuite et capucin si vous voulez, pourvu que vous viviez soumis aux lois du pays. Mais cela, dites-vous, ne suffit pas, et il faut de plus que je vive en commun avec d'autres capucins et d'autres jésuites. J'entends. Mais je ne puis faire mon salut qu'en étant communiste, saint-simonien, ou babouviste? Mon droit vaut le vôtre. Est-ce que la réalisation de la fraternité universelle sur la terre n'est pas une croyance sainte, un but aussi noble que celui du jésuitisme? Que faire en pareil cas?

La réponse est bien simple, c'est à la nation que la décision appartient; c'est à elle et à elle seule de déterminer non point si vous pouvez ou non faire votre salut dans le jésuitisme, non pas si votre mission terrestre ne peut s'accomplir sans la prédication du saint-simonisme, mais tout simplement s'il convient à l'intérêt social que toute ou quelques-unes de ces communautés soient autorisées. L'intérêt social, tel est la mesure du droit de toute corporation; chercher ce droit dans la volonté, le caprice ou la fantaisie de l'individu, c'est subordonner l'État au citoyen, la grande communauté à la petite, ou, en d'autres termes, anéantir la souveraineté sociale. Si vous ne pouvez faire votre salut hors d'un couvent défendu par l'État, suivez le précepte de Jésus-Christ, sortez de France; le sacrifice, à tout prendre, n'est pas si grand pour un homme qui, en mourant au monde, a renoncé à sa famille et à sa patrie. Il est aussi par trop singulier de demander que toute une nation se plie aux exigences bizarres de quelques individus. Quant au fond même de la question et à l'intérêt du pays dans les circonstances présentes, qu'il me soit permis de dire que les dominicains et les jésuites ont coûté assez cher à la France, pour qu'elle refuse de les recevoir; on ne voit pas d'ailleurs que depuis quarante ans la religion ait rien perdu à leur absence.

Occupons-nous maintenant des biens de l'Eglise, qu'il ne faut pas confondre avec les biens des ecclésiastiques; ces biens sont des propriétés privées semblables à celles de tous les autres citoyens.

L'Eglise étant une communauté reçue par l'Etat, il serait injuste de l'empêcher d'accroître ses revenus, en lui défendant de recevoir les dons et les oblations volontaires des fidèles. L'Etat a seulement le droit de surveiller la manière dont ces fonds se recueillent et se dépensent, pour prévenir à la fois des obsessions indiscrètes, et un mauvais emploi, c'est-à-dire un emploi préjudiciable aux intérêts économiques et politiques du pays. C'est ainsi qu'en certaines circonstances il peut être convenable d'interdire les quêtes à domicile; c'est ainsi qu'en toute l'Europe on a établi des lois d'amortissement pour empêcher le clergé d'accaparer le sol. Il est même fâcheux qu'en France on ne se soit pas tenu aux sages prescriptions de l'article 73 de la loi organique qui interdisait, de façon absolue, l'acquisition du sol aux établissements ecclésiastiques. La mainmorte est contraire à la bonne culture du sol, à l'égalité des charges qui pèsent sur les citoyens, et avec le temps constitue une aristocratie d'autant plus dangereuse, dans une démocratie telle que la nôtre, qu'au milieu des variations perpétuelles de la fortune particulière, le clergé, qui s'enrichit sans jamais s'appauvrir, se trouverait en moins d'un siècle un ordre politique tout-puissant par sa richesse et son influence.

Ces restrictions au droit d'acquérir, que l'Etat devrait imposer à toute communauté quel que fût son but, n'attaquent en rien le droit de propriété de l'Eglise. L'Eglise, comme toute autre communauté, est propriétaire du sol qu'elle a acquis; mais aussi ces biens n'ont rien qui les distingue des autres biens, ils sont soumis aux mêmes charges, payent les mêmes impôts et dépendent d'un même souverain. Le caractère sacré du possesseur, qui ne donne à la personne aucun privilége, ne peut évidemment conférer de privilége au sol, et s'il est impossible d'admettre qu'il y ait en France un autre souverain que la nation pour commander aux personnes qui vivent sous ses lois, il est encore bien plus impossible d'admettre une puissance étrangère ayant des droits de souveraineté sur les biens situés dans le territoire français, pouvant défendre à l'Etat de les frapper d'impôt, ou même d'en ordonner l'aliénation s'il le juge nécessaire. Le magistrat politique est le supérieur de l'Eglise considérée comme communauté civile; c'est à lui, et à lui seul, de déterminer, dans les formes établies par les lois, quel est l'emploi le plus utile des fonds de l'Eglise; car cet emploi est une chose toute temporelle, quoique le but puisse être spirituel : s'il se trompe, s'il abuse de son droit, c'est un malheur; mais on ne peut supposer un pouvoir supérieur à l'Etat, et qui vienne l'empêcher de disposer à son gré, et dans l'intérêt national, du sol et de la richesse du pays.

Telles sont les règles qui, théoriquement, doivent gouverner les rapports des deux puissances, si toutefois je ne me suis point trompé dans mes raisonnements. Elles découlent toutes d'un même principe suivi avec rigueur dans ses applications ; ce principe, c'est l'indépendance absolue de l'Etat dans la sphère temporelle, l'indépendance absolue de l'Eglise en matière spirituelle.

Dans ce système il n'y a point, à proprement parler, de questions mixtes, si l'on entend par ce nom des questions dans lesquelles l'Eglise et l'Etat ont un intérêt commun, un intérêt de même nature ; il y a seulement certaines matières dans lesquelles l'Eglise et la puissance civile, ayant chacune un intérêt particulier, peuvent prendre chacune séparément leurs mesures pour ne point se contrarier ; c'est ainsi que l'Église subordonne le sacrement du mariage à l'accomplissement du contrat civil, ainsi que l'État accepte le dimanche comme jour de repos public. En pareil cas, il y a déférence mutuelle, concession réciproque, essentiellement révocable comme toute concession gracieuse : il n'y a point transaction, car toute transaction emporte abandon de droits ; et, spirituelle ou temporelle, la souveraineté est toujours inaliénable.

Quand donc M. Cormenin dit que *Napoléon a trouvé plus commode de se passer du pape, et qu'au lieu d'être juste à deux, il a mieux aimé être injuste à un* ; quand M. Affre demande *que les matières mixtes soient déterminées par le concours des deux autorités* ; ils se méprennent tous deux sur le caractère et la nature des deux puissances. Est-ce que, sans abdiquer, l'Etat pourrait demain reconnaître un caractère sacré aux propriétés de l'Eglise, et s'interdire *à jamais* le droit de les frapper d'impôt ? Est-ce que l'Eglise pourrait s'engager à bénir les mariages mixtes, alors qu'une loi injuste vouerait au protestantisme les enfants à naître ? Encore une fois, il peut y avoir de part et d'autre des concessions réciproques, mais point de transaction, car de la part de l'Eglise ce serait simonie, de la part de l'Etat, abandon de la souveraineté. Napoléon, quoi qu'en dise Timon, avait un sentiment fort juste des droits de la nation quand il faisait seul les articles organiques, et son exemple a été suivi par tous les souverains qui, dans ces derniers temps, ont fait en Allemagne des concordats avec le pape. Les catholiques comme le roi de Bavière, aussi bien que les protestants, comme le roi de Prusse, se sont bornés à traiter, avec le souverain Pontife, de l'établissement de circonscriptions nouvelles, mais ils se sont tous réservé la police des cultes, par la raison bien simple que cette police est un attribut de la souveraineté.

« Les évêques, disait le sage M. de Malesherbes, doivent certainement être consultés par le roi sur ce qui intéresse la religion, mais, sous quelque aspect qu'on les considère, *on ne doit point négocier avec eux.* Comme ministres de l'Eglise, il ne leur est point permis d'avoir aucune condescendance, et, comme sujets du roi, il ne leur appartient pas d'exiger des conditions[1]. »

Une réflexion doit se représenter sans cesse au lecteur, c'est que les règles qui dérivent théoriquement du principe de l'indépendance mutuelle ne sont autre chose qu'une grande partie des articles organiques; cela est certain; et si l'on veut remonter plus haut, on trouvera que les articles organiques ne sont eux-mêmes qu'une reproduction de ce qu'on nomme les libertés de l'Eglise gallicane. La conclusion à tirer d'une pareille coïncidence est évidente; c'est que ces articles ont un mérite indépendant des révolutions politiques; c'est que, fondés sur la nature des choses, ils

---

[1] Dupin, *Droit public ecclésiastique*, p. 256.

sont également applicables sous la royauté absolue, comme sous la monarchie tempérée, comme sous la démocratie la plus franche; car ces articles garantissent les droits de la souveraineté nationale, et cette souveraineté ne varie pas, quels que soient ses représentants. Quand donc le clergé s'appuie sur les changements qu'a éprouvés le pouvoir pour demander l'abolition ou la révision des articles que nous avons examinés, sa demande est injuste et mal fondée, et doit être écartée par les moyens qui déjà mille fois l'ont condamnée. Ces demandes sont d'autant plus singulières, que ce qui fut autrefois liberté et privilége de la France au milieu de l'asservissement général des monarchies européennes, est aujourd'hui devenu le droit commun de l'Europe, et que partout où l'Eglise est reconnue, les souverains, quelle que fût leur foi, ont établi, sur le modèle des lois françaises, leur droit de souveraineté dans les choses temporelles, leur droit de surveillance sur les choses spirituelles, sans que l'Eglise ainsi protégée ait crié à l'injure et à l'oppression. Il serait au moins bizarre que la France, qui fut la première à séculariser le pouvoir temporel, et dont l'Europe a suivi le sage exemple, fût aussi la première à donner le signal d'un retour à l'asservissement, et qu'après avoir pris tant de peine pour empêcher le clergé d'être un ordre privilégié, non-seulement sur les autres citoyens, mais à l'égard du souverain lui-même, elle abandonnât des garanties si péniblement conquises pour rétablir sous le nom de liberté la souveraineté du clergé. Ce serait plus que de l'imprudence, ce serait le comble de l'ignorance et de la folie.

Mais, dira-t-on, ce n'est point contre la souveraineté nationale que M. de Bonald se révolte, c'est contre certains articles organiques qui donnent au roi, en qualité de protecteur des canons, des priviléges qui ne peuvent appartenir qu'au fils aîné de l'Eglise; et aujourd'hui qu'il n'y a plus de religion de l'Etat, ces priviléges ne peuvent plus appartenir au chef du pays.

L'objection est plus spécieuse que réelle. En fait, M. de Bonald demande tout autre chose : le droit de s'assembler en concile sans la permission de l'autorité ; la singulière prétention que la ratification du pape était absolument nécessaire pour rendre les acheteurs de biens ecclésiastiques propriétaires incommutables (comme s'il pouvait y avoir un autre souverain du sol que la nation); la prétention non moins insoutenable que les évêques ont l'inspection sur l'exécution des fondations pieuses, *non par la permission du roi, mais par un droit essentiel à la charge d'évêque, confirmé par le concile de Trente* ; toutes ces allégations et d'autres encore sont certainement des attaques directes au principe de la souveraineté nationale.

Mais supposons que M. de Bonald, respectant le droit supérieur du pays dans les choses temporelles, ne s'en prenne qu'aux priviléges attribués à nos anciens rois par un long usage, et confirmés par le pape lui-même en la personne de Napoléon et de ses successeurs ; voyons ce que gagnerait l'Eglise à supprimer certains articles organiques qui ont consacré dans le nouveau droit ecclésiastique les priviléges de l'ancien protectorat; nous serons étonnés de la petitesse du résultat comparée à la grandeur et à la vivacité des plaintes.

On sait quelle était dans l'ancienne monarchie l'étroite union de l'Eglise et de l'Etat; tous deux ayant une même croyance, et mêlés l'un à l'autre par mille liens temporels, ne faisaient, à bien prendre, qu'une seule et même société, espèce de théocratie mitigée qui avait deux têtes, le pape et le roi. Le roi était bien le chef reconnu du corps politique, comme le pape, la tête du corps mystique : mais on ne s'oc-

cupait point, comme aujourd'hui, de faire la part exacte de
la royauté et de l'Eglise, car loin de rêver la séparation de
ces deux puissances, on cherchait à établir entre elles
l'union la plus étroite; on eût voulu, suivant l'énergique ex-
pression de Pierre Damien, *trouver quelque chose du pape
dans le roi, et quelque chose du roi dans le pape*[1]. Dans une
aussi grande intimité, le roi, considéré comme évêque
extérieur et protecteur des canons, se mêlait plus ou moins
directement de la religion. On lui reconnaissait le droit,
non-seulement de surveiller la discipline, mais de faire des
lois et règlements sur les matières ecclésiastiques, de convoquer les conciles, d'examiner l'administration intérieure
des communautés régulières, et cent autres priviléges d'une
nature toute religieuse; il est vrai qu'en revanche le pape
ainsi que les évêques ne se faisaient faute de se mêler des affaires de l'Etat : « Nempe, dit Bossuet, utriusque po-
« testatis sancta societas postulabat, ut altera alterius
« munia in speciem usurparet, *eo jure quo amici amicorum
« rebus utuntur*, his certe omnibus communi societate et
« consensione valituris[2]. »

Cette société des deux puissances a été pendant quinze
cents ans l'idéal des hommes religieux aussi bien que des
politiques; ils y voyaient la réalisation, sur terre, du règne
de Jésus-Christ, la sécurité de l'Eglise et du trône, et, comme
l'exprime naïvement un vieil adage :

Mariage est de bon devis
De l'Église et des fleurs de lys;

[1] Pierre Damien, cité par Bossuet, *Defensio declarat.*, lib. II, c. XXIX. Et quatenus ab uno mediatore Dei et hominum, hæc duo, regnum scilicet et sacerdotium, divino sunt conflata mysterio, ita sublimes istæ duæ personæ tanta sibimet unitate junguntur, ut quodam mutuæ charitatis glutino, et rex in romano pontifice, et romanus pontifex inveniatur in rege, salvo scilicet suo privilegio papæ, quod nemo præter eum usurpare permittitur.

[2] Bossuet, *Defens. declar.*, lib. IV, cap. V

> Quand l'un de l'autre partira,
> Chacun d'eux si s'en sentira.

Quand Napoléon fit le concordat, il aurait pu sans doute régler sur des bases nouvelles les rapports de l'Eglise et de l'Etat; mais il ne le fit point, et tout au contraire un article spécial du concordat reconnut au premier consul et à ses successeurs les droits et priviléges dont les anciens rois de France jouissaient auprès du siége apostolique, aussi long-temps du moins que la religion catholique serait la croyance du chef de l'Etat [1].

Ce fut en vertu de ce double pouvoir, c'est-à-dire comme souverain et comme protecteur des canons et des libertés gallicanes, que le premier consul fit la loi du 26 messidor an IX, et proclama dans un statut civil des règles de juridiction et d'administration religieuse qui n'étaient autre chose que le rétablissement et la consécration des usages suivis ou des réformes réclamées par le Parlement. Tels sont : *l'abolition de tous priviléges portant exemption ou attribution de la juridiction épiscopale* (art. 10); *l'obligation à tous les professeurs de séminaire de souscrire et d'enseigner la déclaration de 1682* (art. 24); *la prorogation de fonctions des vicaires-généraux après la mort de l'évêque qui leur avait délégué une part de son pouvoir* (art. 36); *l'unité de la liturgie et du catéchisme par toute la France* (art. 39), et quelques autres dispositions de moindre valeur.

Tous ces articles, hormis un seul, sont, on le voit, des plus inoffensifs. La disposition qui prorogeait le pouvoir des vicaires-généraux, contraire aux usages de l'Eglise, qui en cas de vacance remet l'administration de l'évêché au chapitre, a été abrogée par le décret du 28 février 1810; l'unité de catéchisme et de liturgie, fort désirable, ne fût-ce que dans un

---

[1] Concordat, art. 16 et 17. Portalis, rapport sur les *articles organiques*, p. 139 et suiv.

intérêt politique, n'était point, ce semble, un empiétement bien grave sur les droits de l'Eglise, puisque l'Etat ne
s'immisçait point dans la rédaction du livre et dans l'établissement de la liturgie. Je ne pense pas non plus que M. l'archevêque de Paris réclame le rétablissement des exemptions;
reste donc l'ordre d'enseigner dans les séminaires la déclaration de 1682. Cet ordre et les appels comme d'abus sont les
deux dispositions qui pèsent le plus désagréablement sur
le clergé, celles qu'il accuse le plus ouvertement d'être une
usurpation du pouvoir temporel. Pour les appels comme
d'abus, j'ai essayé de démontrer qu'ils étaient parfaitement
justifiables comme défense de l'Etat contre l'empiétement du
clergé, comme moyen de maintenir les conditions auxquelles
l'Eglise est admise dans la société laïque. Je ne reviendrai
donc pas sur ce terrain.

Il est moins aisé de justifier l'ordre d'enseigner la déclaration de 1682, et en théorie il semble difficile de donner à
l'Etat le droit d'imposer à un culte une doctrine religieuse ou
politique quelque sage, quelque bonne qu'elle puisse être d'ailleurs. S'il s'agissait d'une doctrine universellement admise
par l'Eglise, l'Etat pourrait sans doute s'assurer que l'enseignement des séminaires est conforme au programme qu'on
lui a soumis, car il a le droit d'exiger que les prêtres soient
instruits, soient élevés dans des doctrines catholiques, mais il
s'agit d'une opinion controversée depuis plusieurs siècles, et
qui n'est point encore près de recevoir une solution définitive.
Laissons de côté l'art. 1er, qui proclame l'indépendance du
pouvoir temporel, et qui est aujourd'hui hors de toute discussion; prenons les trois autres, qui décident la supériorité
du concile sur le pape. Est-ce que l'Etat peut se faire théologien, et imposer l'opinion que le pape n'est point infail-
lible, quand le pape lui-même, qui certes a le droit de croire
à son infaillibilité, laisse toute liberté sur ce point délicat?

Je sais tout ce qu'on peut dire sur le danger des opinions ultramontaines. Avant M. Portalis et M. Dupin, nos plus sages évêques, nos anciens canonistes ont fait ressortir tout ce qu'il y a de monstrueux dans cette doctrine qui, au lieu de faire du saint-siége le centre où tout aboutit, en fait la source d'où tout émane. Les conséquences de ce système sont mauvaises, et dangereuses pour la religion bien plus encore que pour l'Etat, je l'accorde; mais dans un pays de liberté comme est le nôtre, est-ce qu'on peut empêcher une opinion de se développer parce qu'indirectement elle peut produire de mauvais résultats? Je ne le pense pas, car on n'irait ainsi jusqu'à supprimer la liberté de la presse et de la tribune, beaucoup plus dangereuses et non pas certes plus respectables que la liberté d'opinions en matière de religion.

Le clergé veut abandonner aujourd'hui les doctrines qui ont fait la gloire et la grandeur de l'Eglise de France; il déserte l'héritage des Gerson, des Bossuet, des Frayssinous, pour se mettre à la suite des Bellarmin, des Rocaberti, de tout ce que la secte des jésuites a produit de plus passionné et de plus aventureux : cela est fâcheux et très-fâcheux pour l'Eglise; mais tant que ces doctrines ne se traduiront point en publications ou en actes coupables, l'Etat ne doit point s'en mêler au moins directement, car autrement, et pour éviter dans l'avenir un mal peut-être imaginaire, il occasionnerait un mal présent, et un mal très-grand en opprimant les consciences. D'ailleurs un gouvernement sage ne doit ordonner que ce qu'il peut faire exécuter, et c'est compromettre inutilement son autorité que d'imposer de force une opinion qui sera dénaturée et ridiculisée par celui même qui aura juré de l'enseigner.

Est-ce à dire que le pays n'ait point à s'inquiéter du nouvel esprit qui anime aujourd'hui une partie de l'épiscopat française? Non, sans doute; mais ce n'est pas par des moyens violents que l'État doit agir; c'est en favorisant les hautes études ecclésiastiques de façon à répandre la lumière dans des esprits passionnés, parce qu'ils sont ignorants; c'est en laissant toute liberté aux opinions, de façon à placer la discussion et la lutte non plus entre les évêques et l'Etat, mais entre la portion ardente et la partie raisonnable du clergé, entre M. de Bonald et M. Affre, par exemple; c'est en s'occupant d'améliorer le sort et l'indépendance du bas clergé; c'est enfin en opposant une patience inaltérable à des prétentions exagérées, et en attendant de la discussion et du temps cette lumière qui présente toute chose sous son véritable jour, et réduit à leurs véritables proportions des fantômes qui ne peuvent effrayer que des enfants ou des ignorants.

L'opinion publique était depuis longtemps indifférente aux questions religieuses, les évêques ont jugé à propos de profiter de ce sommeil pour hasarder, à l'occasion d'un recueil de nos anciennes et de nos nouvelles franchises publié par M. Dupin, une formidable levée de boucliers que rien ne justifiait. C'est aux cris de *liberté*, de *droit commun*, qu'ils ont attaqué les barrières que nos pères avaient opposées à leur éternelle ambition, et ce cri singulier dans leur bouche a dérouté certains amis nouveaux de la liberté qui connaissent le mot mieux que la chose. Pour nous, cette nouvelle façon d'agir ne nous étonne pas; derrière ce masque libéral, il est aisé de reconnaître ces impérissables prétentions qui, à toutes les époques, ont fait du clergé le corps le plus remuant et le plus indiscipliné de l'Etat. La forme des demandes est nouvelle; le fond est aussi vieux que l'indépendance du pouvoir temporel. Ouvrez le livre de Pithou, vous retrouverez sous des noms vieillis qui font sourire un scepticisme dédaigneux, les mêmes réclamations suivies avec la même ardeur, la même infatigable persévérance. Le clergé ne se lasse et ne s'arrête jamais, d'autant plus exigeant qu'une protection plus longue a permis à la religion de se développer plus librement.

Beaucoup de gens s'effrayent de ces déclarations solennelles des évêques; nous pensons, au contraire, qu'il n'y a aucun danger sérieux dans ces réclamations exagérées. Nous n'avons plus, il est vrai, pour opposer aux prétentions ultramontaines un corps aussi patient et aussi tenace que le clergé même, je veux dire les Parlements; mais nous avons l'opinion publique, plus forte cent fois que les Parlements. Quand le pays connaîtra mieux l'importance des droits auxquels on veut le faire renoncer; quand il comprendra bien que sous le nom de liberté c'est à sa souveraineté qu'on en veut; quand il reconnaîtra dans les prétentions des évêques ce que le grand Arnauld nommait si justement *l'hérésie de la domination*; quand il verra nettement, malgré tout ce bruit, tout cet éclat dont on veut l'étourdir, que la seule demande fondée est l'abrogation de quelques articles insignifiants, la suppression d'un enseignement qui ne se donne pas, le pays se rira de ces orages de sacristie, désormais sans danger sérieux, et persistera dans la sage conduite que nos anciens ont suivie sans se laisser ébranler par des menaces plus redoutables que celles d'aujourd'hui. La religion seule aura souffert du zèle intempéré de ses ministres. La suppression de l'enseignement obligé des quatre articles, la diminution des appels comme d'abus, l'entrée même des évêques à la Chambre des pairs ou au Conseil d'État, ne guériraient pas la blessure que la religion a reçue de la main de ses champions, blessure profonde qui ne se sent point dans l'ardeur de la lutte, mais qui entraînera après elle une longue faiblesse et la perte des avantages conquis par quinze ans de prudence, de sagesse et de modération.